AF316870

# DIEU EST CHARITÉ.

Sous l'inspiration de cette Parole,
l'Église de la Trinité
fut convertie en Ambulance
durant le Siége de Paris,
et les Fidèles de la Paroisse,
se faisant Frères et Sœurs de Charité,
y prodiguèrent leurs Soins,
avec le plus religieux dévouement,
aux nobles Victimes
de notre héroïque résistance.

(1870-1871.)

( Monseigneur l'Archevêque de Paris. )

M

# CINQUANTE JOURS D'AMBULANCE

DANS

# L'ÉGLISE DE LA TRINITÉ

## A PARIS

## RAPPORT DU PRÉSIDENT

### A MM. LES MEMBRES DÚ COMITÉ D'ADMINISTRATION

### LISTE DES ADHÉRENTS

#### A L'ŒUVRE DE L'AMBULANCE DE L'ÉGLISE DE LA TRINITÉ

**1° Comité d'Administration; — 2° Service médical;**

**3° Direction intérieure :**

*A.* DAMES INFIRMIÈRES; — *B.* OUVROIR, LINGERIE; — *C.* VEILLEURS POUR LES NUITS;

**4° Donateurs.**

PARIS

IMPRIMERIE CENTRALE DES CHEMINS DE FER

**A. CHAIX ET C**ie

RUE BERGÈRE 20, PRÈS DU BOULEVARD MONTMARTRE

1871

# CINQUANTE JOURS D'AMBULANCE

DANS

# L'ÉGLISE DE LA TRINITÉ

A PARIS

---

## RAPPORT DU PRÉSIDENT

A MM. LES MEMBRES DU COMITÉ D'ADMINISTRATION

---

MESSIEURS,

Le 2 décembre 1870, au moment où les armées de Paris venaient de livrer les combats qui leur donnaient le plateau d'Avron, la presqu'île de la Marne, les hauteurs de Champigny, presque aussitôt abandonnées, sans réussir à défoncer les lignes ennemies à Villiers et à Cœuilly, malgré bien du sang versé, l'Administration de la guerre, d'accord avec Monseigneur de Paris, prit la résolution d'établir des Ambulances dans les églises. Le transport possible des blessés, au moyen des bateaux-omnibus de la Seine, fit jeter les yeux sur les églises les plus rapprochées du fleuve, et l'église de la Trinité, quoique assez éloignée, fixa plus particulièrement l'attention.

La salubrité du quartier où elle est placée, ses dimensions moyennes, la possibilité du chauffage par de puissants calorifères, quelque coûteux qu'il dût être, la nef où règne un vaste parquet au lieu de dalles de pierres, une abondante et facile aération présentaient, en effet, des circonstances favorables.

2

Aussitôt un élan remarquable de charité chrétienne et de patriotique dévouement se manifeste autour de cette église, prend son point de départ dans l'initiative de quelques membres du clergé et d'une légion de dames auxquelles allait échoir la tâche de se transformer en infirmières, en économes, en lingères, et de remplir toutes les charges qui incombent, dans les établissements hospitaliers, aux sœurs de charité : une maison de sœurs de la paroisse fournit une mère supérieure à l'Ambulance de la Trinité. — Au bout de quelques jours, comme par enchantement, soixante-dix lits sont dressés dans la nef de l'église, approvisionnés de tout leur matériel, de couvertures, de linge de rechange, accompagnés du mobilier nécessaire aux hôtes qui allaient rapidement les occuper. — Des appareils de chauffage supplémentaires et spéciaux sont établis dans l'axe de la nef, dans le local destiné à la pharmacie, soit pour assurer le chauffage des tisanes et un vaste approvisionnement d'eau chaude, soit pour servir de foyers et de points de réunion aux soldats convalescents ou pouvant rester debout ; des tables, des guéridons reçoivent des livres, des journaux, des jeux et forment des centres de lecture et de conversation.

Les chapelles latérales sont converties en économat, en dispensaire et laboratoire de pharmacie, en garde-meuble, en logements d'interne, d'infirmier, en salle à manger, en salle de toilette, en salle d'armes et d'équipement. Des cabinets d'aisance sont installés de manière à ne pas troubler la salubrité de l'Ambulance.

Le sous-sol reçoit une cuisine perfectionnée, fournie par un des adhérents à l'œuvre : des conduites d'eau pure et d'eaux ménagères s'embranchent aux tuyaux de distribution et aux égouts de la ville de Paris ; une salle de buanderie, garnie à ciment, est installée pour le lavage des linges de pansement.

Le portique intérieur de l'église reçoit une salle des morts! Car, malgré la destination primitive de notre Ambulance, réservée à des convalescents ou à des petits blessés, il fallait prévoir qu'elle serait nécessaire et elle dut nous servir !

A la date du **20 décembre 1870**, au milieu des dames et des sœurs dont le concours devait assurer la marche d'un établissement ainsi

improvisé, un comité administratif, composé de deux vicaires délégués de M. le Curé et de Messieurs de bonne volonté réunis par eux,
était organisé; les premières ressources financières réunies, un service médical constitué, grâce au zèle et au patriotisme de docteurs-
médecins et chirurgiens du quartier.

L'administration de l'œuvre était réglée.

Des aumôniers ne pouvaient faire défaut aux malades dans cette
Ambulance, restée en même temps la Maison de Dieu, et rien ne
fut plus touchant que le service divin offert aux soldats libres d'aller
et de venir ou retenus au lit, le jour de Noël et chaque dimanche,
au maître-autel, séparé, le reste du temps, par un simple voile.

L'Ambulance de l'église de la Trinité a reçu ses premiers hôtes
le 20 décembre 1870 : elle a vécu cinquante jours et s'est fermée le
7 février, au matin. 158 soldats y sont entrés successivement et
l'ont occupée dix-neuf jours chacun, en moyenne. Le nombre mini-
mum des soldats l'habitant simultanément a été de 18 le premier
jour, en n'y comprenant pas le jour de la clôture, où 6 seulement
l'occupèrent encore. Le nombre maximum de 69 a été atteint les 29
et 30 décembre et le 20 janvier.

Nous avons eu à déplorer 8 décès, soit à peu près 5 0/0 du
nombre des soldats admis et 2.66 pour 1,000, par rapport au nombre
total des journées par soldat et par jour. — Ce nombre total s'est
élevé à 3,000.

Un rapport médical et chirurgical indiquera la nature des mala-
dies et des blessures que nous avons été appelés à soigner. Le
nombre des malades a été de 142; celui des blessés par le feu a
été de 16. Le premier représente à peu près 90 0/0 du nombre total
des admissions; le second un peu plus de 10 0/0.

Cette grande quantité de malades s'explique, en partie, par les
rigueurs de la saison pendant laquelle l'Ambulance a vécu. L'hiver,
dans la période du 20 décembre à la fin de janvier, a été d'une ri-
gueur exceptionnelle et a laissé une lourde trace dans les comptes
de dépenses dont je vais avoir l'honneur de rendre compte au
Comité.

Cette œuvre, toute catholique et patriotique, éminemment charitable, a été conçue et a vécu avec la volonté arrêtée et persistante de ses adhérents, de n'imposer à l'État aucune charge, d'en supporter seuls tout le poids. L'intendance militaire, la fabrique de l'Église, nous avaient assuré, dès l'ouverture, leur concours en argent, si nous avions voulu y faire appel. Nous n'avons pas eu besoin d'y recourir. Avec l'aide de Dieu, les voies et moyens n'ont pas manqué, quoiqu'ils dussent être un sujet de préoccupations légitimes, dans la période suprême pendant laquelle l'Ambulance a dû vivre depuis le quatre-vingt-treizième jour du siège jusqu'au 7 février.

Cent dames et sœurs se sont distribué les différents rôles, et beaucoup furent très-rudes et très-absorbants, dans les différents services du secrétariat, de l'économat, de la caisse, de l'infirmerie, de la pharmacie, de la lingerie, du garde-meuble.

Vingt messieurs, abbés et laïques, assurèrent les services administratif et financier ; vingt passèrent les nuits.

Cinq docteurs et un interne ont visité les malades et les blessés.

Cent quarante-cinq personnes ont, ainsi, réuni leurs efforts pour rendre le moins dur possible le séjour à l'Ambulance de la Trinité.

J'entre, Messieurs, dans l'examen des divers comptes qui figurent à notre bilan.

## ALIMENTATION.

L'Administration de la guerre nous a fourni, avec la plus grande régularité, les rations ordinaires des soldats nos hôtes ; si peu variées qu'elles fussent, elle ne pouvait nous donner que ce qu'elle possédait, et pendant le mois de janvier, la plus longue période de notre existence, la quantité et surtout la qualité du pain laissaient bien à désirer. La famine menaçante s'est fait ainsi sentir sur ce point jusqu'à notre économat, qui fut pourtant admirablement administré, sans bruit, et où régnèrent l'activité, l'ordre, la régularité, l'économie et presque l'abondance pour les soldats. Mais l'approvisionnement du pain échappait à notre prévoyance, puisque l'État seul en réglait le rationnement et la distribution.

Nous avons eu notre cave bien garnie de vins et liquides de toutes natures, qui nous ont été fournis d'abord par l'État, sous forme de rations journalières, puis par des dons notables faits par la Société internationale de secours, le Syndicat des marchands de vins; enfin, par des dons particuliers, si nombreux ici, que les bouteilles ajoutées aux bouteilles ont fait des hectolitres.

Nous avons reçu 1,541 litres 43 centilitres............ 1,541$^l$,43

La consommation s'est élevée à 1,360 litres........... 1,360 »
soit par jour, à 27 litres 20 centilitres, et par homme à 453 centilitres, ration supérieure de 125 0/0 à la ration fournie par l'État (1).

Nous avons distribué à des œuvres de charité........ 181$^l$,43

D'où total égal............. 1,541$^l$,43

Le Comité n'a pas fait un seul achat de vin.

Nous avons pu, un jour, offrir à tous les soldats en état de santé convenable du frontignan-muscat dû à la générosité d'un donateur.

Je dois parler, ici, des provisions en biscuits de mer, pâtes, gelées, chocolat, conserve, huile, osséine, Liebig, viandes fraîches et salées, qui nous sont arrivées par toutes les voies et nous ont permis de donner aux malades et blessés une alimentation vraiment réparatrice à laquelle ne saurait suffire la ration ordinaire du soldat.

Pour obtenir cette abondance, l'activité de nos économes a été de tous les instants, et il a fallu faire appel à tous nos adhérents. Souvent un oignon, une pomme de terre prélevés par personne ont été bien accueillis par la dame économe.

Les dépenses d'alimentation se sont élevées à.....Fr.  2,504 85
soit à 0 fr. 8350 par journée et par soldat, ci.......... »  835

---

(1) La ration journalière du soldat fournie par l'intendance militaire, se composait :
1° De pain.................................................... 300 à   500 grammes.
2° De vin.....................................................   20 centilitres.
3° De viande fraîche..........................................  100 grammes.
4° De légumes secs ou de riz.............................»....   40 grammes.
5° De café...........................·........................ *quantité variable.*

Le riz fut toujours dominant, presque exclusivement, jusqu'à nous donner la crainte de compromettre la santé de nos malades.

Elles comprennent, indépendamment du prix d'achat des denrées, les gages du personnel de la cuisine.

## SERVICE MÉDICAL.

Le service médical fut confié à MM. les docteurs Laguerre et Destouches, chargés du service journalier; à M. le docteur Dieulafoy, chirurgien ordinaire, et à MM. les docteurs Cusco et Voillez, chirurgien et médecin consultants. Il a été fait gratuitement, comme dans la plupart des Ambulances.

Deux dames ont rempli le rôle d'internes de visite et, chaque jour, ont tenu la planchette à prescriptions réglementaire, sans compter leurs parts dans les services de pharmacie et d'infirmerie. Un contrôle sérieux fut organisé, sur l'initiative de membres du Comité, par MM. les docteurs, pour assurer la plus rigoureuse exactitude dans l'exécution des prescriptions médicales.

Huit escouades de dames infirmières, au nombre total de 70, ont prodigué les soins de tous genres aux soldats malades et blessés, en se partageant les journées et, parfois, les nuits. La direction du service de nuit fut confiée à une femme dévouée qui n'a pas manqué une seule fois à ses rudes fonctions : elle fut toujours assistée par deux messieurs choisis parmi les membres des conférences de Saint-Vincent-de-Paul, de la Trinité et de Saint-Louis-d'Antin, et parmi des messieurs de bonne volonté, jeunes et âgés, de toutes conditions, qui avaient offert leurs services. Des sœurs, des dames infirmières les ont secondés dans les nuits les plus difficiles.

Les médicaments courants et ordinaires nous ont été fournis, gratuitement, par la pharmacie centrale militaire. Un membre de notre Comité, pharmacien commissionné de l'Ambulance, à titre gratuit, s'est chargé du service entier de la pharmacie et des comptes à fournir à l'Administration de la guerre.

Quoique les soins de tous genres fussent, à très-peu près, donnés gratuitement aux soldats, le Comité a dû retribuer un interne habile détaché, la nuit, de l'hôpital Lariboisière, des femmes gardes

de nuit, un infirmier-major, deux infirmiers, une tisanière ; des dépenses d'assainissement et de médicaments exceptionnels sont restées à sa charge, et ainsi le service médical figure au bilan pour la somme totale de . . . . . . . . . . . . . . . . . . . . . . . . . . . . . . Fr.  2,079 75  »
soit par soldat et par journée. . . . . . . . . . . . . . . . . . .    0.69825

## CHAUFFAGE.

Le chauffage de l'Ambulance a été l'une de nos plus grandes préoccupations. Dès décembre, la rareté se fait sentir sur le marché de tous les combustibles : La houille triple de prix et devient introuvable ; le coke manque, d'autant plus vite, que la Compagnie Parisienne du gaz n'élève pas ses prix courants ordinaires ; les chantiers épuisent, dans tout Paris, leurs approvisionnements de bois, et l'appauvrissement du stock des combustibles coïncide précisément avec les rigueurs croissantes de l'hiver, du 20 décembre au 15 janvier. Le Comité n'a reculé devant aucun sacrifice pour les combattre ; il a fait amener des bois de charpente chargés, à Boulogne, sous le feu de l'ennemi ; il en a été récompensé en conservant dans l'église une température à peu près régulière, qui a varié entre 8° et 11° centigrades au-dessus de zéro, dans ces durs temps : chiffres faibles, sans doute, mais qui se sont trouvés presque suffisants, et nous avons pu guérir bien des bronchites et même des affections pulmonaires graves.

Nous avons consommé souvent 1,000 kilogrammes de bois ordinaire, dans notre Ambulance, dans une seule journée ; nous avons acheté 1,000 kilogrammes de houille à 150 fr. les 1000 kilos, des bois de charpente à 130 fr., sans compter la rentrée et le sciage, tous deux très-dispendieux, et qui ont élevé ce prix à près de 150 francs. Je dois noter que le Ministère du commerce nous a fait obtenir des réquisitions, savoir :

de 4,000 kilogrammes de houille à. . . . . . .    60 francs.
3,000 kilogrammes de bois à . . . . . . . . . .    60 francs.

Le Maire du IX<sup>e</sup> arrondissement nous a aussi procuré une réquisition de 2,400 kilogrammes de bois.

Malgré ce concours, nos dépenses de chauffage se sont élevées à la somme de ..............................Fr.  4.235 50 »
formant plus de 28 0/0 de nos dépenses totales, et
par journée de soldat............................  1.4118

Elles représentent les factures de 39,000 kilogrammes de bois de chauffage, de 5,000 kilogrammes de houille, les installations de fumisterie, les gages des chauffeurs payés en partie par l'église, etc.

### ÉCLAIRAGE.

L'éclairage a coûté........................Fr.   598 30 »
soit par soldat et par journée...................   0 1993
Il a été fait au moyen du matériel et du personnel de l'église rétribué, en partie, par le Comité.

### LINGERIE ET VÊTEMENTS.

Sous ce chapitre se sont rangées, successivement, les dépenses faites en achats de linge, de lainages, de robes de chambre, de chaussons ; en frais de blanchissage, qui nous donna bien des soucis, et allocations à des personnes chargées de l'entretien, du classement et de la distribution des effets appartenant à l'Ambulance et aux soldats.

Ces dépenses se sont élevées, ensemble, à.....Fr.   2.240 30
soit par soldat et par journée, à..................   0.74675

Des dons ont été faits par la Société internationale de secours, par les magasins de la Capitale, etc. Mais plus nombreux encore et plus abondants ont été les dons et prêts de tous genres faits par de libres adhérents à l'œuvre entreprise.

En liquidation, les objets restés disponibles ont été mis à la disposition de la mère supérieure, de deux dames assistées de membres du Comité, qui ont bien voulu en faire la répartition.

Les **Frais d'administration**, consistant en gratifications d'employés, en achats d'imprimés, de timbres-poste, de papier, de photographies, de cadeaux à des artistes, se sont élevés

à .................................................. Fr. 1,351 »

soit, par soldat et par journée, à .................. 0 45033

Les **Dépenses de matériel** ont eu principalement pour objet des appareils pour cabinets d'aisances, puis des vases, brocs, de la vaisselle et divers ustensiles. Elles ont atteint....... Fr. 866 85

soit, par soldat et par journée ..................... 0 28890

Les **Frais d'installation** comprennent les notes de serrurerie, menuiserie, tapisserie, etc., et ont coûté........ Fr. 854 05

soit, par soldat et par journée .................... 0 28468

Les **Subventions** consistent, jusqu'à ce jour, en une offrande faite à l'Ambulance du nouveau collége Chaptal, où nous avons dirigé six soldats; elle a été calculée à raison de 5 francs par journée et par soldat; pour ces six soldats pendant dix jours.... Fr. 300 »

D'après un vote du Comité, dans sa séance du 24 février, il convient d'y ajouter une somme de 1,200 francs, destinée au soulagement des soldats français les plus éprouvés par la retraite de Bourbaki en Suisse.

Elles s'élèvent ainsi à........................ Fr. 1,500 »

soit, par soldat et par journée, à .................. 0 50

## VOIES ET MOYENS.

Toutes les dépenses qui viennent d'être passées en revue sont résumées dans la balance des comptes arrêtée au 2 mars 1871, à laquelle se trouve annexé le prix d'une journée d'Ambulance, par soldat, qui ressort de ces comptes.

Nous avons fait face à ces dépenses :

1° A l'aide de dons directs et de produits de quêtes faites, chaque dimanche, dans l'église de la Trinité : une liste nominative des donateurs sera jointe au présent rapport.

MM. les curés des paroisses voisines, de Notre-Dame-de-Lorette et de Saint-Louis-d'Antin, ont bien voulu admettre des quêteuses dans leurs églises, pour l'Ambulance, pendant tous les offices d'un dimanche.

Les dons et quêtes ont produit... ...............Fr.   11,097 35

2° Un concert auquel des artistes distingués ont bien voulu donner, gracieusement, leur concours : Mme de la Grange, Mlle Sans, M. et Mme Victoria Lafontaine, M. Coquelin, Mlle Magnien, Mme Léon Dupré, la musique de la garde républicaine, a produit à peu près .......   5,000  »

3° Diverses loteries ont produit....................   900  »

et, notamment, une loterie organisée par Mme Parmentier-Morin, qui avait offert au Comité une aquarelle représentant un sujet pris dans l'Ambulance ; cette loterie a produit, à elle seule, près de 600 francs.

Toutes ces ressources nous auraient permis de dépenser par soldat et par journée la somme de 5 fr. 665,78,

soit au total .....................................   16,997 35

4° Des ventes d'objets divers, cédés après la clôture de l'Ambulance, ont produit......................   286 60

Le total des voies et moyens à ce jour a donc atteint la somme de..................................   17,283 95

Les dépenses s'élèvent actuellement à la somme de..   16,230 60

En réservant pour des règlements tardifs une somme de................................................   753 35

les dépenses totales atteindraient au maximum........   16,983 95

Le Comité pourrait donc encore disposer de ........   300  »

D'où total égal aux voies et moyens ...........Fr.   17,283 95

J'ai achevé, Messieurs, de vous rendre les comptes financiers de notre Association. Je laisse à des hommes plus autorisés, mieux inspirés et plus versés dans l'art de parler et d'écrire, le soin d'en raconter l'histoire, au point de vue de la religion, de la morale, de la libre initiative, de l'idée de Patrie.

La cessation des hostilités autour de Paris, les nécessités du culte à l'approche du Carême, les mesures préparées pour évacuer les soldats malades ou blessés hors de cette ville, les vides qui se sont faits dans notre Comité par suite de départs devenus nécessaires de plusieurs de nos collégues des plus actifs, les devoirs qui rappellent nos infirmières dans leurs familles ont amené la clôture de l'Ambulance, établie dans l'église de la Trinité, assurément trop tôt au gré des dames qui s'y sont dévouées avec tant d'intelligence et de cœur. Elles auraient continué leur tâche longtemps encore, et sont prêtes à la reprendre au premier appel de la Patrie.

Ces sentiments de dévouement ont trouvé une dernière satisfaction dans la direction donnée aux soldats qui nous quittaient. Huit jours ont été fructueusement employés, par nous tous, pour leur ouvrir des ambulances privées et choisies, au lieu de les diriger vers des hôpitaux militaires; ce qui a réduit d'autant les charges du Trésor public, et, en même temps, a un peu consolé les soldats, le Comité et les infirmières, tous émus en se séparant.


Messieurs,


Tant de malheurs accumulés autour de nous, ne nous ont pas découragés; cette association libre de catholiques inspirés par leurs sentiments religieux, par l'amour de la patrie, a procuré quelques soulagements aux corps fatigués et épuisés de soldats jeunes et inexpérimentés, a ramené peut-être à Dieu les âmes de quelquesuns, et renaîtra plus forte, grâce aux leçons du passé, dans d'autres temps qui seront plus heureux pour la France.

Paris, le 20 février 1871.

# AMBULANCE DE L'ÉGLISE DE LA TRINITÉ.

## (1870-1871.)

### I° COMITÉ D'ADMINISTRATION.

MM. les abbés Vattemare, Miramont, } *Délégués de M. le Curé.*

MM. Robinot de La Pichardais, *Président.*
Le baron Jubé de La Perelle, *V.-Président.*
S. de La Ferrière, *Secrétaire.*
Bérenger, *Trésorier.*
Rétif, *Économe.*
Bourdon (Henri), *Ordonnateur.*
Delaville Le Roux, *Ordonnateur, Comptable.*
James Monthiers, *Comptable.*

MM. Le docteur Laguerre.
Le docteur Destouches.
Pettit.
Picot (Georges).
Aloncle,
Parmentier.
Leroy.
Limousin.
Bertin.
Gamble.
Ballu fils.
Le docteur Dieulafoy.

### 2° SERVICE MÉDICAL.

MM. les docteurs :
Laguerre Destouches, } *Médecins ordinaires.*
Dieulafoy, *Chirurgien ordinaire.*

MM. les docteurs :
Cusco, *Chirurgien consultant.*
Voilez, *Médecin consultant.*
M. Joffroy, *Interne.*

### 3° DIRECTION INTÉRIEURE.

Mère Angèle, *Supérieure de l'Ambulance.*  |  M^me de Verneuil, *Directrice.*
M^me Duché, *Économe.*

DAMES INFIRMIÈRES.

### Première Escouade.

M^mes Corpet, *Chef.*
de Montour.
Tollu.

M^mes H. Léger.
Troupenas.
Bolland.

M^mes Bertin.
Simoneau.
Dehesdain.

## Deuxième Escouade.

M<sup>mes</sup> GUÈS, *Chef.*
MARTELET.
SIMON.

M<sup>mes</sup> ALBARET.
PÉRIGOT.
ROZIÈRES.

M<sup>mes</sup> VESSIÈRE.
MOTTET.

## Troisième Escouade.

M<sup>mes</sup> GOYART, *Chef.*
LOMBARD.
GALOPE D'ONCQUAIRE.
LÉVY.

M<sup>mes</sup> MOUCHELOT.
PASQUIER.
M<sup>lle</sup> KLAGEMANN.
M<sup>me</sup> QUENTIN.

M<sup>mes</sup> RICHARD WEIPERT.
L. MOUTON.

## Quatrième Escouade.

M<sup>mes</sup> LEMAIRE, *Chef.*
DUBASSY.

M<sup>mes</sup> CAILLOUET.
MIDOS.

M<sup>lles</sup> MOREY.
MARTIN.

## Cinquième Escouade.

M<sup>mes</sup> RENDU, *Chef.*
MAGNIN.
COUTARD.
FRANCIS WEY.

M<sup>mes</sup> FEUILLADE.
GAUDET.
WARIN.
PIOT.

M<sup>me</sup> BOURDON (Henri).
M<sup>lle</sup> VAUTIER.

## Sixième Escouade.

M<sup>mes</sup> WOLOWSKA, *Chef.*
PASSY.
MARX.

M<sup>mes</sup> MARQUIS.
SAUVANT.
FILHON.

M<sup>mes</sup> MAURIN.
BÉHAGUEL.
OLIVIER.

## Septième Escouade.

M<sup>mes</sup> PETTIT, *Chef.*
LECAMUS.
LAGRANGE.

M<sup>mes</sup> LOUDUN.
PARMENTIER.
LAMOTTE.

M<sup>mes</sup> OLLIER.
GLEIZES.

## Huitième Escouade.

M<sup>mes</sup> COUTURIER, *Chef.*
QUÉVAL.
BOUGLÉ.

M<sup>mes</sup> DE BOISMORELLE.
DE CAMBROUSSE.
HEUZÉ.

M<sup>lles</sup> GIRAUD.
DE ROCHE.

## Service de nuit.

M<sup>me</sup> BLANCHARD, *Chef.*

## OUVROIR, LINGERIE, VESTIAIRE, SERVICES DIVERS EN DEHORS DES ESCOUADES D'INFIRMIÈRES.

| | | |
|---|---|---|
| Sœur CONCEPTION. | M<sup>mes</sup> BÉRENGER. | M<sup>lles</sup> BÉLUCHOT. |
| M<sup>mes</sup> EGLY. | RABAN. | JULIENNE. |
| NORMAND. | DE BERNOUIS. | LÉTORAST. |
| LÉGER, mère. | A. HERMANT. | DE JANTE. |
| PHILIPPE. | Françis AUBERT. | GUILLARD. |
| ROSSIGNOL. | SUSTRAC. | ANGOT. |
| AUDEVAL. | MAHOU. | MICHAUD. |
| RIONNIER. | MALLET, née SURVILLE. | PELCHET. |
| GUILHON. | BLANCHARD. | LABAUT, *Secrétaire.* |
| LEFAYE. | M<sup>lle</sup> ROCHETTI. | |

### VEILLEURS POUR LES NUITS.

| | | |
|---|---|---|
| MM. DE SAIN DE BOIS-LE-C<sup>te</sup>. | MM. MENGEOT. | MM. GENAUT. |
| DE CAMBEROUSSE. | FAUVEL. | FEUGÈRES. |
| DE BEDONT. | ....... | GAMBLE. |
| BELLANGER. | DE CIRCOURT. | DESEILLIGNY. |
| RENDU. | PRISSE. | PICOT (Georges). |
| G. DUBOIS. | LEDOKOWSKI. | BASSOMPIERRE. |
| SUSTRAC. ..... | CLAVERY. | Roland GOSSELIN. |

## 4° DONATEURS.

| *Décembre 1870.* | | |
|---|---|---|
| 11. M. l'abbé Vattemare | 25 | » |
| M. l'abbé Miramont, pour divers | 1.675 | » |
| M. S. de Laferrière | 50 | » |
| M. Robinot de la Pichardais | 50 | » |
| M. Bérenger | 50 | » |
| M. l'abbé Vattemare | 20 | » |
| M. Aloncle | 25 | » |
| 17. M<sup>me</sup> Bérenger (quête) | 785 | » |
| M. l'abbé Vattemare | 25 | » |
| 19. La mère Angèle | 50 | » |
| M<sup>me</sup> Dailly | 200 | » |
| M<sup>me</sup> Parchappe | 20 | » |
| M<sup>me</sup> de Tarbé | 10 | » |
| M. le comte Pillet-Will | 300 | » |
| M<sup>me</sup> Lensinger | 5 | » |
| Visiteurs | 10 | » |
| M<sup>me</sup> Detus-Dain | 100 | » |
| *A reporter.....Fr. 3.400* | | » |

| *Report.....Fr. 3.400* | | » |
|---|---|---|
| 19. M<sup>me</sup> Lemaire | 100 | » |
| 21. M. l'abbé Vattemare | 6 | 80 |
| 22. M<sup>me</sup> Bérenger (quête) | 100 | » |
| M. de Saint-Pern | 10 | » |
| M<sup>me</sup> Auger | 200 | » |
| M<sup>me</sup> de Longchamps | 20 | » |
| 23. M. l'abbé Vattemare | 20 | » |
| 23. La Société générale de Crédit industriel et commercial | 500 | » |
| M. Tollu | 50 | » |
| M<sup>me</sup> Léon Faucher | 100 | » |
| 24. M<sup>me</sup> Passy | 50 | » |
| M<sup>me</sup> Bertin | 50 | » |
| 24. M<sup>me</sup> Coutard | 10 | » |
| M<sup>me</sup> Wolowska | 50 | » |
| 26. M. l'abbé Vattemare | 200 | » |
| Quête de Noël | 1.456 | 75 |
| *A reporter.....Fr. 6.323* | | 55 |

*Report*.....Fr. 6.323 35

26. M<sup>me</sup> Léger mère .............. 25 »
    M<sup>me</sup> du Boys ................. 100 »
    M: Hufer .................. 100 »
    M. Cahusac ................ 25 »
    M<sup>me</sup> de Saint-Price .......... 15 »
    Divers .................... 11 »
28. Quête .................... 5 »
    M<sup>me</sup> Moynier ................ 100 »
    Anonyme .................. 10 »
    M<sup>me</sup> Loquart ................ 25 »
    Anonyme .................. 11 »
    M<sup>me</sup> Varin .................. 20 »
    M<sup>me</sup> Tollu .................. 50 »
29. M<sup>me</sup> Bamberger .............. 10 »
    M<sup>me</sup> Guillon ................ 20 »
    M<sup>me</sup> Rossignol .............. 5 »
    M<sup>me</sup> Tollu (quête) .......... 80 »
    Le docteur Laguerre .......... 20 »
    M<sup>me</sup> Corpet (quête) .......... 122 »
    M<sup>me</sup> Léger ................. 220 »
    Anonyme .................. 40 »
31. M<sup>me</sup> de Mas-Latrie .......... 5 »
    M<sup>me</sup> Laferrière ............. 5 »
    M<sup>me</sup> Boisselle .............. 20 »

### Janvier 1871.

1. Quête de la messe .......... 72 30
   MM. Gay, Rostand et C<sup>ie</sup> ...... 50 »
   M<sup>me</sup> Léger (quête) .... ........ 20 »
   M. Guérard ................ 20 »
2. Tronc de l'église ............ 187 50
   M. Lecomte, agent de change .. 225 »
   M. Damien (M<sup>me</sup> de Montourd) . 25 »
3. M<sup>me</sup> Tufton (M<sup>me</sup> Rendu) ....... 20 »
   M. Bourjade ................ 25 »
   M. Planquet (M. Rétif) ........ 5 »
   Echange de chaussons ........ 7 »
   M. Legrand, agent de change .. 20 »
   M<sup>me</sup> Duché ................ 20 »
4. M<sup>me</sup> Vandenbrœcke .......... 50 »
5. Remboursement de mandat (n° 25) 100 »
   M. Tourins, par M. Alb. N. Delorme .................. 50 »

*A reporter*.....Fr. 8.264 35

---

*Report*.....Fr. 8.264 35

5. M. Dailly (M<sup>me</sup> Duché) ........ 50 »
   M<sup>me</sup> Léger (loterie) .......... 100 »
   — (souscription) ....... 10 »
   M. Armand de Verneuil ....... 5 »
6. M. Petit (ch. de fer d'Orléans) . 100 »
8. Quête à la messe ............ 15 85
   M. Lavergne ............... 15 »
   M. Chabouillet ............. 20 »
   M. Moisson (M. de Laferrière) .. 5 »
   M<sup>me</sup> Rozières (souscription) ..... 20 »
   Quête à Notre-Dame-de-Lorette . 580 »
10. M. L'abbé Vattemare (souscript.) 50 »
    — — ............. 25 »
11. La compagnie le Phénix ....... 150 »
    M. Manbar (M. Bérenger) ..... 50 »
    B<sup>on</sup> Alph. de Rothschild (concert) 40 »
    Recette nette d'un concert ..... 4.893 80
14. M<sup>me</sup> Robinot de la Pichardais
    (souscription) :
    B<sup>on</sup> de Nougarède ............. 20 »
    M<sup>me</sup> Baubigny ............... 5 »
    M. Husson ................ 20 »
    M. Carteron (Emile) ......... 25 »
    MM. Descroizilles ............. 15 »
    M. de Valroger .............. 10 »
    M. Gaiffier .................. 50 »
    M. Jagerschmidt ............. 5 »
    Marquise de Torcy ........... 20 »
    M. Leroy .................. 15 »
    M. de Montépin ............. 10 »
    M. Legrand (lycée Condorcet) .. 10 »
    M. Riant .................. 10 »
    M. Gando ................. 25 »
    M<sup>me</sup> Wallut ................. 5 »
    M<sup>me</sup> Manguin ............... 5 »
    M<sup>me</sup> Audibert ............... 10 »
    M<sup>me</sup> Moutard ............... 25 »
    M. Rihouet ................ 10 »
    MM. Morel d'Arleux .......... 75 »
    M<sup>me</sup> Rémion ................ 20 »
    M<sup>me</sup> Gautreau ............... 20 »
    M. Hallé .................. 5 »

*A reporter*.....Fr. 14.811 »

| | | | | |
|---|---:|---:|---|---:|
| *Report*.....Fr.14.810 » | | | *Report*.....15.896 90 | |
| 14. M. Lanos | 5 » | 23. | Quêtes à la Trinité | 20 60 |
| M. Martin-Métairie | 10 » | | Tronc à la Trinité | 32 20 |
| M<sup>me</sup> Duboys-Fresnay | 100 » | | Anonyme | 5 » |
| Anonymes | 65 » | 27. | Loterie (Fromage) | 105 » |
| Baron Le Prince | 5 » | | M<sup>ise</sup> du Bouzet | 20 » |
| 18. Loterie (Fromage) | 120 » | | Divers | 1 50 |
| M<sup>me</sup> de Millhau | 10 » | | M. Orry | 25 » |
| M<sup>me</sup> de Lyden | 5 » | | M<sup>me</sup> Garnot | 10 » |
| Divers | 2 10 | 28. | Loterie (Fromage), M. Pettit | 100 » |
| M<sup>me</sup> Escare | 15 » | | Quête à la Trinité | 16 70 |
| M<sup>lle</sup> Klagmann | 13 » | | Anonyme | 5 » |
| Quête à la Messe | 26 55 | | M<sup>me</sup> Escande | 10 » |
| M<sup>me</sup> de Saint-Pern | 20 » | | La Fabrique de la Trinité (gages | |
| M<sup>me</sup> Gouby | 10 » | | du chauffeur, un mois) | 124 » |
| M<sup>me</sup> Tollu | 200 » | | *Février 1871.* | |
| M<sup>me</sup> de Morlincourt | 5 » | 9. | Loterie d'une Aquarelle (M<sup>me</sup> Par- | |
| 22. Quête à Saint-Louis-d'Antin | 315 25 | | mentier-Morin) | 590 » |
| 23. M<sup>me</sup> De Vatry (Concert) | 60 » | | Tronc de l'Ambulance | 35 45 |
| M. Danpoux | 100 » | | Total..... 16.997 35 | |
| *A reporter*.....15.896 90 | | | | |

## Balance des Comptes au 2 mars 1871

| PRIX d'une Journée par soldat | DOIT | | AVOIR | TANTIÈMES PAR SOLDAT et par jour |
|---:|---:|---|---:|---:|
| | 3.625 55 | M. Berenger, trésorier. | » » | |
| | | Donateurs | 16.997 35 | 5 66578 |
| | | Ventes d'objets divers . | 286 60 | » 09553 |
| | | Mandats à payer . . . | 2.572 20 | |
| | 2.504 85 | Alimentation . . . . . | » » | 0 83500 |
| | 2.079 75 | Service médical. . . . | » » | 0 69325 |
| | 4.235 50 | Chauffage . . . . . . | » » | 1 41180 |
| | 598 30 | Éclairage. . . . . . . | » » | 0 19930 |
| 5 41 | 16.230 60 | Lingerie et vêtements . | » » | 0 74675 |
| | 1.331 » | Frais d'administration. | » » | 0 45033 |
| | 866 85 | Matériel . . . . . . . | » » | 0 28890 |
| | 854 05 | Frais d'installation . . | » » | 0 28468 |
| | 1.500 » | Subventions à divers . | » » | 0 50000 |
| | 19.856 15 | | 19.856 15 | |

1° **Développement**, par nature de dépenses, des Dépenses effectuées du 20 décembre 1870 au 7 février 1871, pour l'Ambulance de l'Église de la Trinité.

| DURÉE de L'AMBULANCE. | ALIMENTA-TION. | SERVICE MÉDICAL. | CHAUFFAGE. | ÉCLAIRAGE. | LINGERIE et VÊTEMENTS. | FRAIS D'ADMINIS-TRATION. | MATÉRIEL. | FRAIS D'INSTALLA-TION. | SUBVENTION aux ÉVACUÉS et autres. | TOTAL des DÉPENSES. | OBSERVATIONS. |
|---|---|---|---|---|---|---|---|---|---|---|---|
| 50 Jours. | 2504.85 | 2079.75 | 4235.50 | 598.30 | 2240.30 | 1351. » | 866.85 | 854.03 | 1500. » | 16230.60 | |

2° **Prix de revient d'une journée d'ambulance par Soldat et division de ce prix par nature de dépenses.**

| NOMBRE TOTAL des JOURNÉES par soldat. | ALIMENTA-TION. | SERVICE MÉDICAL. | CHAUFFAGE. | ÉCLAIRAGE. | LINGERIE et VÊTEMENTS. | FRAIS D'ADMINIS-TRATION. | MATÉRIEL. | FRAIS D'INSTALLA-TION. | SUBVENTION aux ÉVACUÉS et autres. | PRIX DE REVIENT d'une JOURNÉE par soldat. | OBSERVATIONS. |
|---|---|---|---|---|---|---|---|---|---|---|---|
| 3000 | 0.835 | 0.69325 | 1.41180 | 0.19930 | 0.74675 | 0.45033 | 0.28890 | 0.28468 | 0.50000 | 5.41 | |

*Position provisoire au 2 mars 1871.*

**G. M. ROBINOT.**

IMPRIMERIE CENTRALE DES CHEMINS DE FER. — A. CHAIX ET C^ie^, RUE BERGÈRE, 20, A PARIS. — 1506-1.

www.ingramcontent.com/pod-product-compliance
Lightning Source LLC
Chambersburg PA
CBHW060049090726
47597CB00012B/3505